neue Konversationen, neue Komplikationen

Eric Richards

Illustrated by: Lea Ribbing

Edited by: Cathleen Weigelt-Ferguson & Angelika Weigelt

Printed in the United States of America

Second German Edition, 2018

10 9 8 7 6 5 4 3 2

ISBN-10: 1983439762
ISBN-13: 978-1983439766

ABOUT THE BOOK

neue Konversationen, neue Komplikationen is the second book in the *"neue"* series. It is written for continuing language learners. It incorporates thematic vocabulary, embedded elements and dialogue. It is also written so that language students can further identify with themes and characters as they continue to grow and develop. The book can be effectively implemented with a variety of teaching styles, including: traditional, communicative, thematic, TPRS and others. It is also designed to help facilitate read-alouds, sustained silent readings, student acting, personalization, interaction and more.

Über die Geschichte:
These sections are comprehension questions over the corresponding chapters. They can be done both orally and written.

Du bist dran:
These sections are individualized questions designed to give students more practice (with the structures and vocabulary) by allowing the student to engage and respond in a personalized manner. They can be done both orally and/or written. Teachers or students can lead the questioning. It can be done with partners or in groups. Students can also write their responses and/or their partner's responses for additional practice. This section is easily expandable and lends itself well for PQA sessions, class discussions and personalization in the classroom.

ACKNOWLEDGMENTS

To Kelly, Landon and Lillyan: You brighten each and every day! Thank you!

Without Cathleen Weigelt-Ferguson's continued patience, insight and time, this book would not have been possible. I am ever grateful and thankful.

I am also thankful for Angelika Weigelt's further contributions and expertise.

Also, I am deeply thankful and grateful for Lea Ribbing's profound creativity and artistic talents.

I also wish to thank Dr. Todd Heidt, Matthew Hillebrand and Brigitte Kahn for their contributions, recommendations and encouragement.

To all the others not mentioned by name: no matter how small your contributions, you made a considerable difference. I thank you for your input and support in the creation of this book.

Cover Picture: demaerre

KAPITEL 1 – <u>EINE SMS</u>

Dienstag

Anton ist jetzt zu Hause. Er ist in seinem Zimmer und sitzt auf seinem Bett. Die Hausaufgaben liegen auf dem Schreibtisch. Er muss die Hausaufgaben machen, aber er kann sich nicht konzentrieren. Anton *ist* gerade aus dem Café *gekommen* und er denkt an die Konversationen mit Heidi, Lena und Felix. Natürlich denkt er auch an Samstag und die Party.

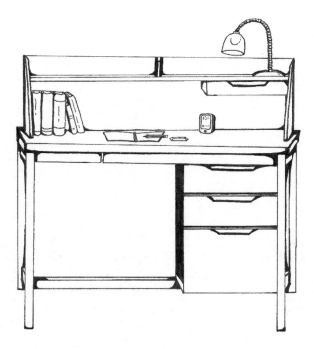

Anton hört sein Handy. Es liegt auf dem Schreibtisch und vibriert. Anton steht auf und geht zu dem Schreibtisch. Er sieht auf sein Handy. Er hat eine SMS. Anton ist überrascht, denn die SMS ist von Lena. Anton liest die SMS:

- Hallo Anton! Hier ist Lena. Bist du jetzt zu Hause?

    - Ja. Ich bin zu Hause.

- Ich auch. Es war schön im Café. Ich bin froh, dass du da warst.

    - Ja. Es war schön.

- Was machst du am Donnerstag?

    - Schule. ☺

- Was machst du am Donnerstag - nach der Schule? ☺

    - Ich weiß nicht. Hausaufgaben? Ich habe noch keine Pläne.

- Möchtest du ins Kino gehen?

Anton liest die SMS und ist überrascht. Er liest die SMS wieder. Er weiß nicht, was er schreiben soll. Ist das ein Date? Gehen nur Lena und er ins Kino oder gehen sie mit anderen Freunden? Er hofft, dass das kein Date ist, denn er denkt an das Café und an Heidi.

Lena ist immer nett zu ihm und er will sie nicht enttäuschen, aber er *mag* sie nicht *so*. Er *mag* Heidi.

(*lange Pause*)

```
- Hallo? Anton? Bist du noch da?
        - Ja. Ich sehe auf meinen
Kalender. Moment.
```

Anton sieht nur auf sein Handy. Er weiß nicht, was er schreiben soll, aber er muss etwas schreiben. Anton schreibt langsam:

```
        - Ja. Ich kann ins Kino gehen.
Wann beginnt der Film?
- Gut! Der Film beginnt um 19:00.
        - Kommen andere Freunde?
- Ja. Meine Freundinnen - Danielle
und Andrea - kommen.
```

Lena schreibt das, aber sie weiß, dass ihre Freundinnen nicht mitkommen. Lena will allein mit Anton ins Kino gehen, aber sie will Anton das nicht sagen. Dann schreibt sie:

```
- Ich muss gehen. Meine Mutter ruft
mich. Wir sehen uns morgen in der
Schule. Tschüss!
        - Bis morgen. Tschüss!
```

Anton denkt an morgen und die Schule. Er denkt auch an Heidi und er weiß nicht, was er ihr sagen soll. Er ist nervös. Soll er Heidi sagen, dass er mit Lena ins Kino geht? Soll er ihr das nicht sagen? Muss er ihr das sagen?

Anton denkt: „Lena und ich sind nur Freunde. Das ist kein Date. Das ist kein Problem...ich hoffe."

KAPITEL 2 – <u>NOCH EINE SMS</u>

Anton legt das Handy wieder auf den Schreibtisch. Er sieht das Buch und sein Heft und Anton denkt: „Ich muss jetzt meine Hausaufgaben machen." Er setzt sich, <u>macht</u> das Buch <u>auf</u> und beginnt zu lesen. Er kann sich nicht auf den Text konzentrieren und sieht immer wieder auf sein Handy. Er hofft, dass Heidi eine SMS sendet.

Er will Heidi eine SMS senden, aber er *hat* sie heute *gesehen* und er *hat* heute schon mit ihr im Café *geredet*. Er denkt: „Soll ich ihr eine SMS senden oder ist das zu früh?"

Plötzlich vibriert sein Handy. Er hat noch eine SMS. Er sieht schnell auf sein Handy. Die SMS ist nicht von Heidi, aber Anton freut sich. Die SMS ist von seinem Bruder, Johannes. (Alle nennen ihn ‚Hannes'.) Anton liest die SMS:

```
- Servus Anton!

        -Servus Hannes! Wie geht's?

- Gut. Wie geht es Mama? Auch gut?

        - Ja, aber sie arbeitet viel.

- Sag Mama, ich vermisse sie!
```

- Ich sage ihr das und sag Papa, ich vermisse ihn!

- Ich sage ihm das. Und wie geht es in der Schule?

- Gut. Und wie geht es auf der Universität in Salzburg?

- Gut, aber ich sage dir mehr, wenn wir uns sehen.

- Was?

- Ich komme nach Berlin!

- Das ist fantastisch! Wann?

- Ich komme am Sonntag, aber sag Mama nichts. Ich möchte sie überraschen!

- Ja. Ich sage ihr das nicht. Wie lange bleibst du?

- Eine Woche.

- Toll!

- Ich telefoniere später mit dir und sage dir die Details. Ich muss jetzt gehen. Ich freue mich auf Sonntag! Mach's gut! Servus!

- Ich freue mich auch auf Sonntag! Servus!

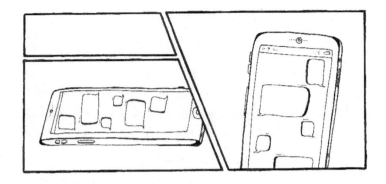

Anton ist total überrascht, aber er freut sich. Er vermisst seinen Bruder und will ihn sehen! Er legt sein Handy wieder auf den Schreibtisch und denkt, dass er seine Hausaufgaben machen muss. Er beginnt zu lesen, aber dann hört er seine Mutter. Sie ruft aus dem Wohnzimmer: „Anton! Kannst du kommen? Kannst du mir helfen?" Anton ruft zurück: „Ja! Ich komme!" Anton denkt jetzt, dass er ein Problem hat. Es ist spät und er *hat* seine Hausaufgaben noch nicht *gemacht*.

KAPITEL 3 – <u>NERVÖS</u>

Mittwoch

Es ist 13 Uhr 20 und Biologie ist zu Ende. Nach
der Klasse sieht Heidi Anton. Sie freut sich,
Anton zu sehen. Sie hatte gestern im Café viel
Spaß mit Anton. Sie lächelt und geht zu Anton.

Sie fragt ihn: „Alles okay? Du bist heute so still.
Du sagst nicht viel."
Anton antwortet leise: „Ja, alles okay. Danke."
Heidi sagt: „Ich wollte dir sagen, ich hatte
gestern Spaß im Café. Es war schön mit dir zu
reden."

Anton ist einen Moment lang still und sagt dann leise: „Danke. Es war schön mit dir zu reden. Ich hatte auch Spaß."

Heidi lächelt nicht mehr. Sie weiß, es gibt ein Problem mit Anton. Er ist still und nicht ‚der normale Anton', aber sie weiß nicht warum.

Anton ist still, weil er nervös ist. Er denkt an gestern im Café mit Heidi. Er denkt auch an die SMS von Lena. Er denkt: „Warum *habe* ich ‚Ja' *gesagt*? Warum gehe ich mit Lena ins Kino? Warum sage ich Heidi nicht, dass ich mit Lena ins Kino gehe? Warum bin ich so nervös?"

Heidi fragt wieder: „Bist du sicher, alles ist okay?"
Anton nickt und erwidert: „Ja, ich bin sicher. Alles ist okay. Ich bin nur müde. Ich *bin* spät ins Bett *gegangen*."
„Lange Nacht?"
„Ja, es war eine lange Nacht. Ich musste meiner Mutter helfen und ich hatte Hausaufgaben. Ich war auch zu lange an meinem Handy und mein Bruder...ach ja...ich *habe* dir nicht *gesagt*, dass mein Bruder kommt!"
Heidi lächelt wieder und sagt: „Ja? Dein Bruder kommt! Toll! Wann?"
Anton lächelt jetzt und antwortet: „Am Sonntag! Ich freue mich sehr."

Heidi sagt weiter: „Fantastisch! Ich hoffe, wir
können etwas zusammen machen."
Anton sagt: „Ja! Ich auch. Mein Bruder war noch
nie in Berlin und mein Bruder möchte die Stadt
sehen. Ich kenne die Stadt nicht so gut.
Vielleicht kannst du uns die Stadt zeigen."
Heidi nickt und sagt dann: „Vielleicht kann
meine Schwester auch mitkommen. Sie kennt
die Stadt besser als ich."

„Gute Idee." Dann sagt Anton weiter: „Ich muss
auch ein gutes Restaurant für Hannes finden.
Hannes geht gern essen."
Heidi erwidert: „Ich werde meine Schwester
fragen. Vielleicht kennt sie ein gutes
Restaurant."
„Danke. Hannes wird sich freuen", sagt Anton.
Heidi lächelt und sagt: „Ich habe eine Idee.
Vielleicht können wir ALLE essen gehen. Ich
gehe auch gern essen."

Anton wird rot. Er mag Heidi und möchte
wieder mit ihr ausgehen. Er denkt jetzt, er muss
Heidi sagen, dass er morgen mit Lena und ihren
Freundinnen ins Kino geht.

Er stottert: „Heidi...ich muss ...dir... etwas
...sagen. Ich..."
Heidi fragt: „Ja?"
Anton sagt leise: „Ich..."

Dann kommt Felix. Er weiß nicht, dass er Heidi und Anton unterbricht.

Felix grüßt: „Hallo!"
„Servus, Felix."
Heidi erwidert: „Hallo, Felix."
Und dann <u>sieht</u> sie Anton wieder <u>an</u> und fragt ihn schnell: „Was wolltest du mir sagen?"
Anton sagt: „...nichts. Vergiss es."

KAPITEL 4 – <u>PROBLEME</u>

Felix fragt: „Sorry. Störe ich?"
Heidi antwortet leise: „Nein. Du störst nicht."
Felix sagt weiter: „Biologie war heute schwer.
Ich *habe* alles *gelesen*, aber ich *habe* nichts
verstanden."
Anton sagt: „Ja, das stimmt. Die Klasse war
heute schwer...und wir haben Hausaufgaben."
Felix sagt: „Und ich verstehe die Hausaufgaben
nicht."
Heidi sagt zu Felix: „Ja. Ich verstehe die
Hausaufgaben auch nicht."

Dann sagt Felix zu Anton: „Wir spielen nach der
Schule Fußball. <u>Spielst</u> du <u>mit</u>?"

Bevor Anton antworten kann, kommt Lena und
grüßt Heidi, Felix und Anton.
„War Biologie heute nicht schwer?", fragt Lena.
Dann sagt sie frustriert: „Ich *habe* nichts
verstanden und ich verstehe die Hausaufgaben
nicht."
„Ich *habe* auch nichts *verstanden*", sagt Felix.
Dann fragt Lena Anton: „Verstehst du die
Hausaufgaben?"
Anton antwortet: „Ja, aber ..."
Lena unterbricht Anton und sagt: „Gut. Ich kann
dich anrufen, wenn ich Fragen habe."

Anton sagt leise zu Lena: „Ja. Du kannst anrufen." Dann sagt er zu Heidi und Felix: „Und ihr könnt mich auch anrufen, wenn ihr Fragen habt."
Felix nickt und Heidi erwidert lächelnd: „Danke."

Dann sagt Lena: „Anton, es war eine Überraschung, dich im Café zu sehen."
Lena <u>sieht</u> Heidi <u>an</u> und sagt zu ihr: „Und dich auch, Heidi."
Lena <u>sieht</u> Anton wieder <u>an</u> und sie sagt weiter: „Es war schön mit dir zu reden. Ich freue mich auf die Party und dass du mitkommst."

Dann sagt Lena: „Anton, ich *habe vergessen*, dir zu sagen. Der Film beginnt am Donnerstag um 19 Uhr 30 und nicht um 19 Uhr. Wir treffen uns morgen um 19 Uhr im Kino."

Heidi und Felix sind total überrascht. Heidi <u>sieht</u> Anton schockiert <u>an</u> und Felix <u>sieht</u> Lena fragend <u>an</u>. Heidi ist still und sagt nichts, aber Felix fragt Lena überrascht: „Was? Ihr geht morgen ins Kino?"

Lena antwortet: „Ja. Was ist?"

Felix stottert: „....Ich ...nichts ...vergiss es."

Anton <u>sieht</u> Heidi <u>an</u>, aber sie sagt nichts. Sie <u>sieht</u> enttäuscht <u>aus</u>. Oder vielleicht <u>sieht</u> sie auch ein bisschen traurig <u>aus</u>? Er weiß es nicht. Dann <u>sieht</u> er Felix <u>an</u>. Anton denkt, Felix <u>sieht</u> auch enttäuscht <u>aus</u>. Oder vielleicht <u>sieht</u> Felix ein bisschen verärgert <u>aus</u>? Anton weiß es nicht. Er weiß nur, er ist nervös. Er weiß nicht, was er sagen soll. Er denkt nur: „Warum *hat* Lena das *gesagt*?"

Dann sagt Lena: „Ich muss gehen. Anton, wir treffen uns morgen im Kino. Ich freue mich auf den Film. Tschüss! Tschüss Heidi und Felix!"

Anton sagt leise: „Servus, Lena."

Bevor Lena geht, sagt sie zu Anton: „...und Anton, du kannst das Popcorn kaufen."

Anton sagt nichts.

Heidi, Anton und Felix stehen im Korridor und sie <u>sehen</u> sich <u>an</u>, aber niemand spricht.

Dann sagt Anton zu Felix: „Ja...ich...spiele heute nach der Schule. Spielen wir wieder in dem Park?"
Felix erwidert nur: „Ja."

Dann sagt Heidi zu Felix: „Ich gehe zu den Automaten. Ich will Schokolade. <u>Kommst</u> du <u>mit</u>?"
Felix antwortet: „Ja. Ich will auch Schokolade."
Anton <u>sieht</u> Heidi <u>an</u> und fragt sie leise: „Heidi, hast du eine Minute? Ich möchte mit dir reden."
Heidi sagt nur: „Nein. Vielleicht später."
Felix und Heidi gehen.

Anton steht jetzt allein in dem Korridor. Anton ist enttäuscht. Er ist frustriert. Er ist verärgert. Er weiß nicht, was er machen soll. Er weiß nur, dass er Probleme hat.

KAPITEL 5 – <u>AUF DER BANK</u>

Nach der Schule geht Anton zu dem Park und spielt Fußball. Das Spiel ist zu Ende und Anton sitzt auf der Bank und wechselt seine Schuhe. Francesco kommt und setzt sich neben Anton.

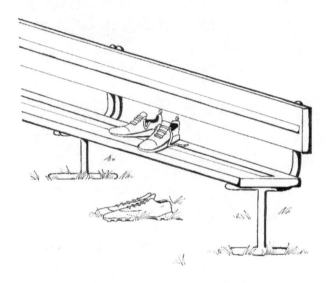

„Ciao, Anton!"
„Servus, Frank." (Francescos Freunde nennen ihn ‚Frank'.)
Frank fragt Anton: „Alles okay? Du *hast* heute nicht viel *gesagt* und du *hast* nicht so gut *gespielt*."

„Ja. Ich...Ich bin nur müde."

„Ich verstehe. Felix *hat* mir *gesagt*, du kommst am Samstag zu der Party."

Anton erwidert: „Ja. Ich komme."

„Fantastico! Ich freue mich auf die Party."

Felix kommt und grüßt Anton und Frank.

Frank sagt zu Felix: „Ciao, Felix! Du *hast* wirklich gut *gespielt*. Du *hast* ein Tor *geschossen*!"

Felix erwidert: „Danke. Du *hast* auch gut *gespielt*."

„Grazie." Dann sagt Frank weiter: „Jungs, ich muss gehen. Wir sehen uns auf der Party...und Anton, geh heute früh ins Bett! Alla prossima!"

Anton sitzt noch auf der Bank. Er sagt nichts. Dann sagt Felix fragend: „Du gehst mit Lena ins Kino?"

Anton <u>sieht</u> Felix nicht <u>an</u>. Er nickt und antwortet leise: „Ja."

Felix fragt dann: „Magst du Lena?"

Anton erwidert langsam: „Ja. Ich meine...nein...ich meine...sie ist immer nett zu mir, aber ich *mag* sie nicht *so*. Ich möchte nur mit ihr befreundet sein."

Felix setzt sich jetzt neben Anton auf die Bank und fragt ihn: „Magst du Heidi?"

Anton wird ein bisschen rot. Er denkt: „Woher weiß er das? Warum fragt er mich das? Soll ich ihm das sagen?"

Bevor Anton antworten kann, sagt Felix: „Ich weiß, dass du sie magst. Ich *habe* das im Café *gesehen*. Du lächelst immer, wenn sie mit dir spricht."

Anton sagt: „Wirklich?"

Felix sagt: „Keine Sorge. Ist gut."

Anton fragt dann: „Warum *hast* du mich das über Lena *gefragt*?"

Felix antwortet: „Ich *habe* dich *gefragt*, denn ich mag Lena."

Anton erwidert: „Ich weiß, dass du Lena magst. Ihr seid gute Freunde."

Felix sagt: „Du verstehst nicht. Wir sind gute Freunde, aber ich *mag* sie. Ich meine, ich *mag* sie mehr als eine gute Freundin."

Anton erwidert: „Ach so! Jetzt verstehe ich. Du *magst* sie *so*!"

Felix sagt dann: „Aber du kannst das niemandem sagen. Sie weiß das nicht. Ich will ihr das nicht sagen, denn ich weiß nicht, ob sie mich *so mag*."

„Keine Sorge. Ich sage das niemandem." Dann sagt Anton weiter: „Und, Felix, ich gehe nicht allein mit Lena ins Kino. Ihre Freundinnen – Danielle und Andrea - gehen auch ins Kino. Das ist kein Date."

Dann fragt Anton Felix: „Was denkst du? Weiß Heidi, dass ich sie *mag*?"

Felix lächelt und antwortet: „Ich weiß nicht, aber ich weiß, dass sie dich *mag*. Alle können das sehen."

Anton lächelt.

Felix und Anton reden noch ein bisschen und dann gehen sie. Auf dem Weg nach Hause denkt Anton nur an das, was Felix *gesagt hat* - dass Heidi ihn *mag*.

KAPITEL 6 – <u>MÜDE</u>

Donnerstag

Die Schule ist zu Ende und Anton geht zu Fuß nach Hause. Er ist allein und er geht langsam. Er ist müde und auch ein bisschen melancholisch. Er *hat* Heidi heute nicht *gesehen*. Sie haben am Donnerstag keinen Biologieunterricht, aber normalerweise sieht er Heidi in der Pause. Er weiß nicht, warum er sie heute nicht *gesehen hat*. Vielleicht wollte sie ihn nicht sehen. Anton wollte mit Heidi reden. Er wollte mit Heidi über Lena und das Kino sprechen und er wollte ihr sagen, dass es kein Date ist.

Anton ist jetzt zu Hause. Er geht in sein Zimmer und legt sich auf das Bett. Er ist müde. Er *hat* gestern nicht gut *geschlafen*, denn er *hat* an Lena und das Kino *gedacht* und war nervös und frustriert.

Sein Handy vibriert. Er sieht auf sein Handy und ist überrascht. Er hat eine SMS von Heidi. Anton liest die SMS:

```
- Frage. Was müssen wir für Biologie
lesen?

      - Wir müssen S. 83 - 104 lesen.
```

- Danke.

    - Bitte.

- Viel Spaß mit Lena.

Er starrt auf das Handy. Er weiß nicht, was er schreiben soll. Anton schreibt nur:

    - Danke.

Er ist jetzt total frustriert. Er weiß, Heidi ist nicht froh. Er weiß auch, er muss seine Hausaufgaben machen, bevor er mit Lena ins Kino geht, aber er will nicht. Er will seine Hausaufgaben nicht machen und er will nicht ins Kino gehen. Er will nur schlafen. Anton denkt, „Ich mache ein Schläfchen. Ich schlafe 30 Minuten und dann mache ich die Hausaufgaben, bevor ich ins Kino gehe." Er <u>macht</u> die Augen <u>zu</u> und <u>schläft</u> schnell <u>ein</u>.

~ ~ ~ ~ ~ ~ ~ ~ ~ ~ ~ ~ ~ ~ ~

Anton <u>wacht auf</u>. Anton ist noch schläfrig und noch nicht ganz wach. Er liegt im Bett und sieht aus dem Fenster. Es ist dunkel draußen. Anton ist konfus. Er sucht nach seinem Handy. Er findet es und nimmt es in die Hand. Er sieht auf sein Handy und sagt laut:

„Was?!?! Wie spät ist es? Oh nein! Es ist 22 Uhr! Ich *habe* zu lange *geschlafen*! Ich *habe* den Film *verpasst*!"

Er sieht wieder auf sein Handy. Dann sieht er, dass er zehn SMS von Lena hat. Er sieht auch, sie *hat* ihn dreimal *angerufen*. „Oh nein! Das ist wirklich nicht gut", sagt er weiter und beginnt die SMS zu lesen.

- Ich bin im Kino. Bist du hier?

- Ich warte. Wo bist du?

- Ich sehe dich nicht. Bist du im Kino?

- Wann kommst du?

- Kommst du?!?! Der Film beginnt in fünf Minuten!

- Der Film *hat begonnen*! WO BIST DU?!?!

- JETZT BIN ICH WIRKLICH VERÄRGERT! ICH WARTE NOCH 5 MINUTEN UND WENN DU NICHT KOMMST, GEHE ICH NACH HAUSE! KOMMST DU ODER KOMMST DU NICHT?

- ICH *HABE* DICH 3 MAL *ANGERUFEN*!

- ICH WARTE NICHT LÄNGER! ICH GEHE NACH HAUSE!

- ...UND <u>RUF</u> MICH NICHT <u>AN</u>! ICH SPRECHE NIE WIEDER MIT DIR!

Er starrt auf das Handy. Er liest die SMS wieder. Er liest die SMS dreimal. Anton ist schockiert. Er weiß nicht, was er machen soll. Soll er Lena eine SMS senden? Soll er ihr schreiben, dass er zu lange *geschlafen hat*? Er weiß es nicht. Sie ist wirklich verärgert und will nicht mit ihm sprechen. Er starrt nur auf das Handy. Er schreibt nichts. Was soll er machen?
Er weiß es nicht. Er weiß nur, morgen wird ein langer Tag in der Schule sein.

KAPITEL 7 – <u>IMMER NOCH MÜDE</u>

Freitag

Anton ist in der Schule und es ist Pause. Er sieht Lena. Er winkt, aber sie <u>sieht</u> ihn nur verärgert <u>an</u> und sagt nichts zu ihm. Lenas Freundinnen <u>sehen</u> ihn auch verärgert <u>an</u>.

Anton will jetzt nicht mehr in der Schule sitzen. Er geht nach draußen und setzt sich auf eine Bank. Er ist wirklich müde. Er *hat* gestern wieder nicht gut *geschlafen*. In der Nacht *hat* er im Bett *gelegen* und *hat* an die SMS von Lena *gedacht*. Er *hat* auch daran *gedacht*, wie verärgert Lena war und natürlich *hat* er auch an Heidi *gedacht*.

Anton sitzt allein auf der Bank. Die Sonne scheint und es ist schön und warm. Er <u>macht</u> die Augen <u>zu</u> und möchte nur schlafen, aber dann kommt Felix.

„Hallo, Anton."
„Servus, Felix."
„Du sitzt allein hier draußen auf der Bank. Alles okay?"
„Ja. Alles okay. Ich wollte nur in der Sonne sitzen."
Felix <u>sieht</u> Anton <u>an</u> und sagt: „Du <u>siehst</u> wirklich müde <u>aus</u>."
„Ich bin sehr müde."
„Warst du so lang mit Lena im Kino?", Felix lächelt. Dann fragt er weiter: „Wie war der Film? Hattest du Spaß?"

Bevor Anton antworten kann, kommt Heidi.
„Hi. Ich *habe* euch hier draußen *gesehen* und wollte ‚Hallo' sagen. Sorry. Störe ich?"
Felix erwidert: „Nein. Du störst nicht."

Dann <u>sieht</u> Heidi Anton <u>an</u> und fragt: „Alles okay? Du <u>siehst</u> wirklich müde <u>aus</u>."
Anton antwortet: „Ja. Ich bin sehr müde."
Nach einem Moment sagt Heidi: „Ach ja! Du *bist* mit Lena ins Kino *gegangen*. Lange Nacht?"
Felix fragt dann wieder: „Wie war der Film?"
Und dann lächelt er und fragt: „*Hast* du das Popcorn *gekauft*?"

Anton ist einen Moment lang still. Er starrt auf den Boden. Dann sagt er leise: „Ich *bin* nicht *gegangen*."

„WAS?!?!" sagen Felix und Heidi zusammen.
„Ich *bin* nicht *gegangen*."
Felix sagt: „Was?!? Warum nicht?!?"
„Gestern war ich wirklich müde. Nach der Schule wollte ich ein Schläfchen machen, aber ich *habe* zu lange *geschlafen*. Ich *habe* den Film *verpasst*."
Heidi fragt: „*Hast* du heute mit Lena *gesprochen*? *Hast* du ihr das *gesagt*?"
Anton antwortet: „Nein. Gestern *hat* sie mir zehn SMS *gesendet*, und *hat* mich dreimal *angerufen*, aber ich *habe geschlafen*. Ich wollte ihr das heute sagen, aber..." Er starrt immer noch auf den Boden.

„Ist sie verärgert?", fragt Heidi leise.
„Ja, sehr. Sie *hat* mir *geschrieben*, sie *hat* auf mich *gewartet*, aber ich *bin* nicht *gekommen*. Dann *ist* sie nach Hause *gegangen*. Sie *hat* den Film nicht *gesehen*. Sie *hat* mir auch *geschrieben*, sie möchte nie wieder mit mir sprechen."

Heidi sagt: „Es ist okay. Keine Sorge. Sie ist im Moment nur verärgert. Sie wird wieder mit dir sprechen."

„Ich weiß nicht. Ich *habe* sie in der Pause *gesehen*. Sie *hat* mich verärgert *angesehen* und *hat* nichts *gesagt*. Ihre Freundinnen *haben* mich auch verärgert *angesehen*. Dann *bin* ich nach draußen *gegangen*."

Dann fragt Heidi: „Was wirst du machen?"
„Ich will mit ihr sprechen, aber ich denke, dass sie nicht mit mir redet. Ich weiß nicht, was ich machen soll."

Alle sind einen Moment still. Dann sagt Felix langsam: „Warte. Ich verstehe, dass sie verärgert ist, aber ich verstehe nicht, warum sie nach Hause *gegangen ist*? Sie war nicht allein im Kino. Ich meine, ihre Freundinnen – Danielle und Andrea - *sind* auch ins Kino *gegangen*, oder?"

(Heidi *hat* das nicht *gewusst*. Sie *hat gedacht*, das war ein Date. Sie lächelt.)

Anton <u>sieht</u> Felix jetzt <u>an</u> und sagt interessiert: „Ja. Das stimmt."
Dann sagt er leise: „Oh nein. Lena kommt."

KAPITEL 8 – <u>ERWISCHT</u>

„Hallo, Felix. Hallo, Heidi", grüßt Lena.
Sie ignoriert Anton.

„Felix, die Party ist morgen und beginnt um 20
Uhr. Kannst du mich um 19 Uhr 30 abholen?",
sagt Lena.
„Ja. Kein Problem", antwortet Felix.
Dann sagt Lena zu Heidi: „Du kommst noch zur
Party, oder?"
„Ja."
„Gut. Felix kann dich um 19 Uhr 45 abholen.
Geht das?"
„Ja, das geht", antwortet Heidi.
Dann fragt Felix Anton: „Wann soll ich dich
abholen?"

Bevor Anton antworten kann, sagt Lena zu Felix:
„Frag ihn, ob er wirklich kommt. Manchmal sagt
er, dass er mit dir ausgeht, aber dann kommt er
nicht. Du wartest auf ihn, aber er kommt nicht.
Dann gehst du allein nach Hause."

Felix erwidert: „Lena, das ist unfair! Sag das
nicht! Anton ..."
„Anton was?! Frag ihn! *Ist* er gestern ins Kino
gekommen? *Habe* ich auf ihn *gewartet*? *Bin* ich
allein nach Hause *gegangen*?", sagt Lena laut.

„...aber Lena...", sagt Felix leise.

„Aber was?!" Dann <u>sieht</u> Lena Anton direkt <u>an</u> und fragt ihn harsch: „War das nicht so, Anton?" Anton antwortet leise: „...ja...aber...nein...das war..."

„Was?! ES WAR SO!"

Anton <u>sieht</u> Lena <u>an</u>: „Nein, Lena. So war es nicht. Ich *habe geschlafen*, denn..."

„GESCHLAFEN?! Du *hast geschlafen*?!"

Dann sagt Anton laut: „Nach der Schule war ich sehr müde. Ich *habe* mich auf das Bett *gelegt* und wollte ein Schläfchen machen. Ich wollte wirklich nicht so lange schlafen."

Lena sagt: „Zu lange geschlafen? Ich *habe* dir SMS *gesendet* und ich *habe* dich auch *angerufen*. Du *hast* nicht *geantwortet*. Ich *habe* lange auf dich *gewartet*. Dann *bin* ich allein nach Hause *gegangen*. Ich war verärgert und traurig, denn ich *habe gedacht*, du wolltest nicht mit mir ins Kino gehen."

„So war es nicht. Ich wollte mit dir – und Danielle und Andrea – ins Kino gehen, aber ich *habe* zu lange *geschlafen*. Das ist alles."

Alle sind einen Moment still und dann sagt Felix zu Lena: „Du warst wirklich unfair und gemein zu Anton. Du *hast* nicht mit ihm *gesprochen* und du *hast* nicht *gewusst*, warum er nicht *gekommen ist*."

Lena sagt leise: „Ich weiß, ich war unfair und gemein." Sie <u>sieht</u> Anton <u>an</u> und sagt zu ihm: „Sorry, dass ich so verärgert und gemein zu dir war."
„Danke", sagt Anton.

Dann sagt Felix zu Lena: „Ich verstehe, warum du verärgert warst, aber ich verstehe nicht, warum du *gesagt hast*, dass du allein warst. Danielle und Andrea waren auch im Kino, oder?"

Lena ist einen Moment still und dann stottert sie: „...ja...ich meine...nein. Danielle ist...ich meine...Danielle und Andrea *sind* nicht ins Kino *gegangen*."

„Ach so. Warum?", fragt Felix weiter.

„...Ich...weiß...sie...ich weiß nicht. Ich *habe* noch nicht mit ihnen *gesprochen*."

„Du *hast* jetzt in der Pause mit Danielle und Andrea *gesprochen*. Ich *habe* euch *gesehen*, bevor ich nach draußen *gegangen bin*."

Anton weiß jetzt, Lena *hat gelogen.*
Felix weiß das auch.

Lena sagt nichts. Sie <u>dreht</u> sich schnell <u>um</u> und
rennt zurück in die Schule.

Anton <u>sieht</u> Heidi <u>an</u>. Er ist überrascht, denn sie
lächelt jetzt ein bisschen.

KAPITEL 9 – <u>AUF DEM WEG ZUR PARTY</u>

Samstag

Anton und Heidi warten vor dem Restaurant. Das Auto kommt und <u>hält</u> <u>an</u>. Anton <u>macht</u> die Autotür <u>auf</u> und Heidi und er <u>steigen</u> in das Auto <u>ein</u>.

„Danke, dass du uns hier abholst. War das ein Problem?", fragt Anton.

„Nein. Keine Sorge. Es ist auf dem Weg zur Party", antwortet Felix.

Dann fragt Felix: „Und wie war das Restaurant?" „Das Restaurant war cool. Es ist neu, aber drinnen ist es wie ein altes, klassisches, italienisches Restaurant", erwidert Anton.

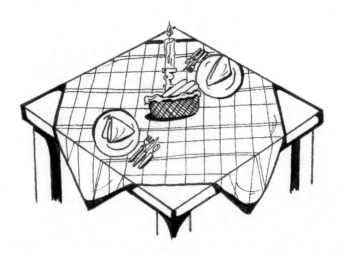

„Und wie war das Essen?"

„Sehr gut", antwortet Anton.

„Und du, Heidi?", fragt Felix.

„Das Essen war sehr gut. Und weißt du, was noch cool war? Die Kellner *haben* italienisch *gesprochen* – sehr authentisch!"

Dann sagt Felix: „Woher kennst du dieses Restaurant? Ich *habe* noch nie davon *gehört*. Anton sagt: „Ich *habe* Frank *gefragt*, ob er ein gutes Restaurant kennt und er *hat* mir diesen Tipp *gegeben*."

„Natürlich. Frank - der Italiener", sagt Felix.

„Wer ist Frank?", fragt Heidi.

„Frank ist ein Freund von mir", erwidert Felix. Dann fragt Heidi Anton: „Und du? Woher kennst du Frank?"

„Er spielt Fußball mit uns. Er kommt aus Italien und ist sehr nett. Du wirst ihn auf der Party treffen."

Dann sagt Heidi: „Wenn dein Bruder kommt, müssen wir zu diesem Restaurant gehen."

„Absolut. Er isst gern italienisch", erwidert Anton. Dann sagt er weiter, „Wisst ihr? Man nennt Salzburg ‚das Rom des Nordens' und es gibt viele gute italienische Restaurants in Salzburg, aber ich denke, das hier ist besser."

Dann fragt Felix überrascht: „*Hast* du *gesagt*, dein Bruder kommt?"

„Ja. *Hast* du das nicht *gewusst*? Er kommt morgen."

Felix sagt: „Nein. Ich *habe* das nicht *gewusst*. Du *hast* mir das nicht *gesagt*."

„Sorry, dass ich dir das nicht *gesagt habe*. Ich *habe* nicht daran *gedacht*. Das alles mit Lena..."

„Ist okay. Du hattest viel Stress."

Dann sagt Heidi: „Warte! Wo ist Lena? Ich *habe gedacht*, dass du sie auch abholst."

Anton sagt: „Das stimmt. <u>Holst</u> du sie nicht <u>ab</u>?"

„Nein. Ich <u>hole</u> sie nicht <u>ab</u>."

„Warum?", fragt Anton.

„Ich *habe* mit ihr *gesprochen* und sie *hat* mir *gesagt*, ich muss sie nicht abholen. Sie kommt mit Danielle und Andrea zur Party."

Dann sagt Felix weiter: „Ich denke, sie ist noch verlegen und sie schämt sich. Gestern in der Pause *ist* sie zurück in die Schule *gerannt* und sie *hat geweint*.

Anton sagt fragend: „Sie *hat geweint*? Ich *habe* das nicht *gewusst*."

„Ich auch nicht. Ich hoffe, sie kommt noch zu der Party", sagt Heidi leise.

Felix sagt: „Ich hoffe auch. Ich weiß, Lena kann harsch sein – und auch manchmal gemein – aber sie ist eine gute Person. Wenn du allein mit ihr bist, siehst du die ‚wahre Lena'. Sie ist wirklich nett."

Dann sagt Felix: „Wir sind da."

KAPITEL 10 – <u>AUF DER PARTY</u>

„*Hast* du Lena *gesehen*?", fragt Heidi.
„Nein, noch nicht. Aber da ist Frank. Komm!",
sagt Anton.

„Servus, Frank!"
„Ciao, Anton!"
„Frank, das ist Heidi."
„Hallo, Frank. Freut mich."
„Ciao, Bella." Dann fragt Frank: „Wo ist Felix?"
„Er ist in dem anderen Zimmer. Er redet mit
Freunden", erwidert Anton.

Anton sagt zu Frank: „Das Restaurant ist
wirklich toll. Danke für den Tipp."
Dann sagt Heidi: „Ja, das war ein guter Tipp. Es
ist ein tolles Restaurant."
„Ihr *seid* schon zu dem Restaurant *gegangen*?",
fragt Frank überrascht.
Anton antwortet: „Ja. Wir *sind* vor der Party
gegangen. Mein Bruder kommt morgen und er
geht gern essen. Er wollte, dass ich ein gutes
Restaurant für ihn finde. Ich wollte wissen, wie
das Restaurant ist, bevor er kommt."
Anton <u>sieht</u> Heidi <u>an</u>, lächelt und sagt weiter:
„Heidi *ist mitgekommen*, so dass ich nicht allein
essen musste."

„Ich freue mich. Das ist mein
Lieblingsrestaurant", sagt Frank.
„Es ist jetzt auch mein Lieblingsrestaurant", sagt
Heidi.
„Meines auch", sagt Anton.

Dann fragt Frank: „*Hast* du *gesagt*, dass dein
Bruder kommt?"
„Ja. Er kommt morgen."
„Das ist toll! Spielt er Fußball?"
Anton antwortet fragend: „Ja, aber nicht so gut.
Warum?"
„Vielleicht kann er mit uns Fußball spielen."
Heidi lacht: „Jungs! Ihr habt nur eins im Kopf –
Fußball!" Dann <u>sieht</u> sie Anton <u>an</u> und sagt leise:
„Da ist Lena."

Lena sieht Anton und Heidi und sie winkt. Sie
spricht noch ein bisschen mit ihren Freundinnen
und dann kommt sie und grüßt Anton, Heidi
und Frank.
Dann lächelt Lena freundlich zu Anton: „Ich
freue mich, dass du nicht zu lange *geschlafen
hast* und zu der Party *gekommen bist*."
„Ich freue mich auch. Bin heute nicht so müde",
erwidert Anton lächelnd.
Dann fragt Lena: „Anton, kann ich bitte einen
Moment mit dir allein sprechen?"

Anton nickt.

Frank sagt zu Heidi: „Ich möchte noch eine Cola. Kommst du mit?" Heidi nickt und geht mit Frank.

Lena sagt: „Es tut mir leid, dass ich *gelogen habe*."
„Ist okay."
„Nein. Es ist nicht okay. Ich *habe gelogen* und ich war sehr gemein zu dir."
„Danke, dass du mir das sagst."
„Können wir noch Freunde sein?"
Anton erwidert: „Natürlich."

Sie reden noch ein bisschen und dann sagt Lena: „Ich möchte etwas trinken. Und du?"
„Nein, danke."
Bevor sie geht, küsst Lena Anton auf die Wange und sagt: „Ich bin froh, dass wir *gesprochen haben*."

Anton lächelt groß und sagt: „Ich auch." Und dann fragt er Lena: „Und vielleicht können wir noch ins Kino gehen?"
Lena erwidert: „Ich hoffe."

Lena geht. Anton ist überrascht und steht einen Moment allein. Dann denkt er: „Wo ist Heidi?"

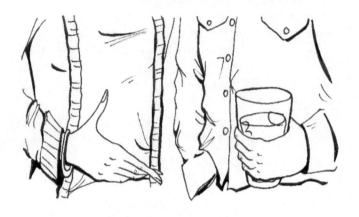

„Da seid ihr", sagt Anton.
„Wie *ist* es mit Lena *gegangen*? Alles okay?",
fragt Heidi.
„Ja. Es *ist* gut *gegangen*. Es tut ihr leid, dass sie
gelogen hat. Felix, du hast Recht, sie ist eine
gute Person. ‚Die wahre Lena‘ ist wirklich nett."
Felix erwidert: „Ich freue mich, dass du ‚die
wahre Lena‘ kennst."

Dann sagt Heidi: „Und ich freue mich, dass ich
‚den wahren Felix und Anton‘ jetzt kenne."
„Was? Wie, bitte?", sagen Felix und Anton laut
zusammen.
„Ihr *habt* mir nicht *gesagt*, dass ihr in einer
Band spielt."
„Wer *hat* dir das *gesagt*?", fragt Felix.

„Frank", antwortet Heidi.

„Frank. Natürlich. Er spricht immer über die Band. Er denkt, es ist cool, in einer Band zu spielen."

„Ich denke auch, dass es cool ist", sagt Heidi.

Felix erwidert: „Aber es ist nur zum Spaß und wir sind nicht so gut."

Dann sagt Heidi: „Frank *hat* mir *gesagt*, ihr seid gut, aber ihr braucht einen Sänger."

„Das stimmt. Er ist der Sänger in der Band, aber er singt nicht so gut. Er weiß das, aber er singt besser als ich."

„Und als ich," sagt Anton.

Dann sagt Heidi weiter: „Ich kenne einen Sänger – besser gesagt – eine Sängerin. Ich denke, sie singt besser als ihr Jungs."

„Ja? Wer?", fragt Felix.

„Ich", antwortet Heidi.

„Was? Du kannst singen?", sagt Felix fragend.

„Ja. Ich singe gern und ich singe gern im Chor."

Felix sagt weiter: „Das ist toll! Wir spielen nächste Woche am Dienstag nach der Schule. Kannst du kommen?"

„Natürlich. Frank *hat* mir das schon *gesagt* und er *hat* auch *gesagt*, dass ich kommen MUSS!"

„Dann MUSST du kommen", sagt Felix. „Und du, Anton? Ich weiß, dein Bruder kommt. Ich verstehe, wenn du nicht kommen kannst."

Anton erwidert: „Ich komme. Ich *habe* noch nicht mit der Band *gespielt* und ich möchte mitspielen."

„Du *hast* noch nicht mit der Band *gespielt*?!", sagt Heidi überrascht.

„Nein, noch nicht. Felix *hat* mir erst letzte Woche von der Band *erzählt*."

Dann sagt Heidi: „Ich freue mich. Das wird Spaß machen!"

„Ja! Das wird Spaß machen", sagt Anton.

„Ich freue mich auch! Endlich haben wir eine Sängerin und einen Saxophonspieler in der Band. Jetzt ist das eine richtige Band."

Sie reden noch ein bisschen und dann hören sie: „Da seid ihr!"

„Hallo, Lena", sagen die drei zusammen.

Lena sagt: „Felix, kann ich einen Moment mit dir sprechen?"

KAPITEL 12 – <u>NACH HAUSE GEHEN</u>

„Felix, ich habe ein Problem. Danielle und Andrea möchten noch auf der Party bleiben, aber meine Mutter *hat* mir eine SMS *gesendet* und ich muss jetzt nach Hause gehen. Kannst du mich nach Hause fahren?"
„Ja. Natürlich. Kein Problem. In fünf Minuten? Geht das?"
„Absolut. Danke, Felix."

Felix geht schnell zu Frank und sagt: „Frank, ich habe ein Problem."
„Was ist?"
„Lenas Mutter *hat* ihr eine SMS *gesendet* und Lena muss jetzt nach Hause gehen. Sie *hat* mich *gefragt*, ob ich sie nach Hause fahren kann."
„Ich verstehe nicht", erwidert Frank.
„Ich *habe* Lena *gesagt*, dass ich sie jetzt nach Hause fahre. Aber Heidi und Anton *sind* mit mir zu der Party *gekommen* und ich muss sie auch nach Hause bringen."
„Und? Du hast Platz im Auto, oder?", fragt Frank.
„Ja, aber Heidi und Anton möchten noch auf der Party bleiben. Und...und...ich möchte allein mit Lena fahren. Ich möchte allein mit ihr sprechen. Verstehst du?"
„Capisco. Ich verstehe."

Dann fragt Felix: „Deine Schwester fährt dich nach Hause, oder?"

„Ja."

„Kann sie Heidi und Anton nach Hause fahren? Hat sie Platz in ihrem Auto?"

„Ja. Das ist kein Problem", antwortet Frank.

„Danke! Du bist der Beste! Ich sage es Heidi und Anton."

Dann geht Felix schnell zu Anton und fragt: „Kannst du – und Heidi – mit Frank und seiner Schwester nach Hause fahren?"

„Warum?"

„Lena muss jetzt nach Hause gehen und ich *habe* ihr *gesagt*, dass ich sie fahre."

„Aber...", sagt Anton, aber Felix unterbricht ihn.

„Ich weiß, du möchtest noch länger auf der Party bleiben."

„Ja, aber wir können jetzt gehen. Das ist kein Problem", sagt Anton.

Felix stottert leise: „Danke, aber...aber..."

„Aber, was?", fragt Anton kurios.

„Aber...ich möchte allein mit Lena fahren, denn ich möchte allein mit ihr sprechen."

„Alles okay?"

Felix antwortet: „Ja. Weißt du noch? Auf dem Fußballplatz? Was ich dir *gesagt habe*? Ich *mag* Lena, aber sie weiß das nicht?"

„Ja, aber ich verstehe nicht."

„Auf dem Weg nach Hause frage ich Lena, ob sie mit mir ausgehen möchte. Ich *habe gedacht*, wir können zu diesem italienischen Restaurant gehen und dann ins Kino. Was denkst du? Ist das eine gute Idee?"

Anton ist überrascht und stottert: „...ja...ich...ja...das ist eine gute Idee."

„Gut. Ich sage Heidi, dass ihr mit Franks Schwester fahrt. Und danke! Viel Spaß noch! Tschüss!"
„Servus!"

Anton steht allein da. Er ist frustriert und ein bisschen nervös. Er denkt: „Was *habe* ich *gemacht*? Warum *habe* ich Lena *gesagt*, dass ich hoffe, wir können noch ins Kino gehen? Ich *habe gewusst*, dass Felix sie mag. Und Heidi? Ich bin so dumm. Ich hoffe, dass Lena nichts sagt. Ich hoffe, sie vergisst, dass ich das *gesagt habe*."

Sonntag (einen Tag nach der Party)

„Möchtest du noch einen Kaffee?", fragt Anton seinen Bruder.
„Ja, bitte. Ich bin noch müde."

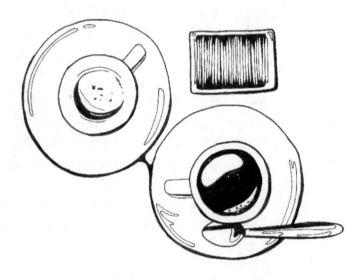

„Ich verstehe. Es ist eine lange Reise mit dem Zug von Salzburg nach Berlin. *Hast* du im Zug *geschlafen*?"
Hannes erwidert: „Ja, aber nicht so gut." Dann fragt er Anton: „Und Mama *hat* nicht *gewusst*, dass ich komme?"

Anton lacht: „Nein. Sie *hat* nicht *gewusst*, dass du kommst. Das war so cool. Du *hast* Mama sehr *überrascht*.“

Hannes lacht auch: „Ja, das stimmt. Ich *habe* sie *überrascht* – oder besser gesagt – *erschrocken*.“

Anton trinkt seine Cola. Er ist einen Moment still und sagt nichts. Da fragt Hannes ihn: „Was ist?“

Anton antwortet: „Ich freue mich, dass du in Berlin bist, aber ich vermisse dich und Papa. Ich vermisse Salzburg und meine alten Freunde – sehr.“

„Ich verstehe. Ich vermisse dich und Mama auch sehr.“

„Wie geht es Papa?“, fragt Anton.

„Gut. Ich sehe ihn nicht oft, denn er arbeitet viel und ich bin oft in der Universität. Aber ich weiß, dass er dich sehr vermisst. Und Mama? Wie geht es ihr?“

Anton sagt: „Es geht ihr nicht schlecht, aber auch nicht so gut. Sie arbeitet viel und sie vermisst dich. Berlin ist zu groß für sie, aber Tante Brigitte wohnt hier. Sie reden oft und das ist gut für Mama.“

Dann fragt Hannes: „Und dir? Wie geht es dir?“
„Gut.“
„Nein. Wie geht es dir wirklich? Ich weiß, es kann schwer sein. Ich weiß, du vermisst Papa, Salzburg und deine alten Freunde.“

„Du hast Recht. Manchmal ist es schwer, aber es geht mir gut. Ich habe neue Freunde und die neue Schule ist gut."

„Deine neuen Freunde heißen Heidi, Felix und Lena, oder?", sagt Hannes fragend.

„Ja, das ist richtig und sie sagen, sie MÜSSEN dich treffen."

„Sie MÜSSEN? Bin ich wirklich so populär?", lacht Hannes.

Anton lacht und erwidert: „Ja. Vielleicht sollte ich eine Party für dich haben?"

Die beiden lachen und Anton sagt: „Ich freue mich, dass du meine neuen Freunde triffst."

„Ich freue mich auch. Ich möchte sie auch treffen. Du sendest mir immer viele SMS über deine Freunde."

Dann sagt Anton: „Heidi und ihre ältere Schwester, Maria, kommen heute noch ins Café."

„Heute?"

„Sie werden uns diese Woche die Stadt zeigen und sie möchten über den Plan sprechen."

Hannes erwidert: „Ich verstehe. Wir möchten viel sehen."

„Das stimmt," sagt Anton. „Wir spielen auch mit Felix und Frank Fußball und wir gehen auch essen und ..."

„Und du hast Schule", unterbricht Hannes.
„...aber ich muss nicht in die Schule gehen.
Mama muss das nicht wissen, oder?", sagt Anton
lächelnd.

Anton und Hannes sprechen über den Plan und
was sie alles sehen und machen möchten.

Dann kommen Heidi und Maria in das Café.
Anton sieht Heidi und Maria und er winkt.
Hannes fragt seinen Bruder schnell: „Wer sind
die zwei?"
„Heidi und Maria", antwortet Anton.
Hannes lächelt und sagt leise zu Anton: „Das
wird eine gute Woche sein."

KAPITEL 14 – <u>EINE REISE</u>

Sonntag – eine Woche später auf dem Bahnhof

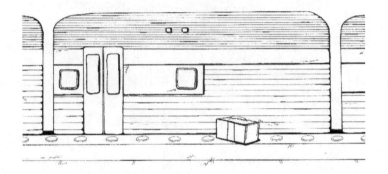

„Hast du alles?", fragt Anton.
„Ja. Ich habe meinen Koffer und meine Tasche."
„Hast du auch dein Handy?"
„Ja", antwortet Hannes. Dann sagt er weiter:
„Diese Woche war wirklich fantastisch! Wir
haben so viel *gemacht* und *gesehen*! Berlin ist
wirklich eine tolle Stadt!"
Anton erwidert: „Das stimmt. Die East Side
Gallery war so cool!"
„Ja, und der Fernsehturm, die Museumsinsel,
der Reichstag, Check Point Charlie ... alles war
so cool!", sagt Hannes. Dann fragt er lächelnd:
„Und weiß Mama, dass du einen Tag nicht in die
Schule *gegangen bist*?"
Anton lacht: „Nein, noch nicht."

Dann sagt Anton melancholisch: „Ich möchte, dass du bleibst."

„Ich weiß. Ich werde dich und Mama vermissen...und deine Freunde. Deine Freunde sind wirklich toll!"

Anton sagt: „Sie *haben* mir alle *gesagt*, dass du auch toll bist."

Hannes erwidert: „Es war schön, mit allen ins Café zu gehen. Ich hatte auch Spaß Fußball zu spielen, die Band zu hören und in dieses italienische Restaurant zu gehen. Es war wirklich eine schöne Woche."

Dann sagt Hannes weiter: „Und es war sehr nett von Heidi und Maria uns die Stadt zu zeigen. Ich freue mich, sie wieder zu sehen."

Anton sagt: „Und ich weiß, Maria und Heidi freuen sich sehr nach Salzburg zu kommen. Sie waren noch nicht in Salzburg und sie *sind* nie Ski *gefahren*."

Hannes sagt überrascht: „Nie in Salzburg und nie Ski gefahren? Dann ist es gut, wir *haben* Heidi und Maria in den Winterferien nach Salzburg *eingeladen*."

„Das war eine tolle Idee und ich freue mich, dass sie mitkommen können. Wir werden viel Spaß haben!", lächelt Anton.

Anton nickt: „Dein Zug kommt."

Hannes erwidert halb lächelnd: „Der Zug ist immer pünktlich in Deutschland, oder?" Dann sagt er: „Ich werde dich vermissen, aber wir sehen uns in den Winterferien!"

„Ich werde dich auch vermissen. Grüß Papa von mir und sag ihm, ich freue mich, ihn zu sehen! Und vergiss nicht, Papa zu sagen, dass auch zwei Mädchen kommen."

„Das vergesse ich sicher nicht...zwei schöne Mädchen bei uns in Salzburg," erwidert Hannes.

Anton umarmt seinen Bruder und sagt: „Du musst gehen."

„Servus. Wiederschauen."

„Servus. Wiederschauen", sagt Anton.

Montag

Antons Handy vibriert und er sieht auf sein Handy. Er hat eine SMS von Felix.

- Alles okay, Anton?

   - Ja. Warum?

- Du warst heute nicht in der Schule.

- Mein Bruder *ist* gestern zurück nach Salzburg *gefahren*. Es war eine lange Woche und ich war heute sehr müde. Ich wollte nicht in die Schule gehen.

- Verstehe. Ich *habe* mit Heidi *gesprochen* und sie *hat* mir *gesagt*, sie und Maria fahren mit dir in den Winterferien nach Salzburg. Sie freut sich sehr.

- Das stimmt. Ich freue mich auch. Ich wollte dich fragen, wie war es mit Lena? Geht ihr zusammen ins Kino?

- Ja. Es war gut. Wir gehen ins Kino. Ich weiß nicht, ob das ein richtiges Date ist, aber ich freue mich.

- Cool.

- Ich *habe* sie auch etwas *gefragt*.

- Was?

- Ob sie in den Winterferien mit mir nach Salzburg fahren möchte.

- WAS?!

- Ich fahre auch in den Winterferien nach Salzburg. Du weißt, mein Onkel wohnt in Salzburg und ich besuche ihn jeden Winter. Wir besuchen ihn normalerweise im Dezember und gehen Ski fahren.

- Und? Was *hat* sie *gesagt*?

- JA!

- Das ist cool! Wir müssen uns in Salzburg treffen. Wir können alle zusammen ausgehen und auch Ski fahren gehen. Mein Bruder wird sich freuen, dich und Lena zu sehen! *Hast* du Heidi das auch *gesagt*?

- Ja und sie freut sich auch.

- Vielleicht können wir alle zusammen nach Salzburg fahren.

- Gute Idee, aber wir können das später diskutieren. Ich muss gehen. Meine Mutter ruft mich.

- Verstehe. Wir sehen uns morgen in der Schule. Servus, Felix!

- Servus, Anton! - Ich muss das jetzt sagen. Wir fahren nach Österreich. ☺

Anton, Heidi, Felix, Lena und Maria fahren alle in den Winterferien nach Österreich.

Was wird in Österreich passieren?

Fortsetzung folgt!

Lies!

"neue Reise, neue Abenteuer"

ÜBER DIE GESCHICHTE

&

DU BIST DRAN

Kapitel 1 – Eine SMS

Über die Geschichte!

1. Wo ist Anton?

2. Warum kann er sich nicht konzentrieren?

3. Was hört er?

4. Was liest er?

5. Was möchte Lena machen? An welchem Tag?

6. Hofft Anton, dass es ein Date ist? Warum oder warum nicht?

7. Wann beginnt der Film?

8. Was will Lena Anton nicht sagen?

9. Wer ruft Lena?

10. Warum ist Anton nervös?

Du bist dran!

1. Wo bist du?

2. Hast du heute Hausaufgaben?

3. Hast du ein Handy?

4. Schreibst du oft SMS?

5. Machst du oft Fotos mit deinem Handy?

6. Gehst du gern ins Kino?

7. *Bist* du am Samstag ins Kino *gegangen?*

8. Was ist dein Lieblingsfilm?

9. Was machst du am Donnerstag?

10. Frag einen Partner oder eine Partnerin:
    „Was machst du am Freitag?"

Kapitel 2 – <u>Noch eine SMS</u>

Über die Geschichte!

1. Was denkt Anton?

2. Kann Anton sich auf den Text konzentrieren?

3. Was hofft er?

4. *Hat* er Heidi heute schon *gesehen*? Wenn ja, wo?

5. Wie heißt Antons Bruder? Wie nennen ihn alle?

6. Wo wohnt Antons Bruder?

7. Wann kommt er nach Berlin?

8. Soll Anton seiner Mutter sagen, dass sein Bruder nach Berlin kommt? Warum oder warum nicht?

9. Wie lange bleibt Antons Bruder?

10. Freut sich Anton?

Du bist dran!

1. Hast du einen Schreibtisch in deinem Zimmer?

2. Vibriert dein Handy, wenn du eine SMS hast?

3. Schreibst du gern SMS?

4. *Hast* du heute schon eine SMS *geschrieben*? Wenn ja, wie viele?

5. Wie geht es dir?

6. Hast du einen Bruder? Wenn ja, ist er älter oder jünger?

7. Hast du eine Schwester? Wenn ja, ist sie älter oder jünger?

8. *Hast* du deine Hausaufgaben *gemacht*?

9. Freust du dich, wenn du deine Freunde siehst?

10. Frag einen Partner oder eine Partnerin: „Freust du dich, wenn du keine Hausaufgaben hast? Was machst du, wenn du keine Hausaufgaben hast?"

Kapitel 3 - <u>Nervös</u>

Über die Geschichte!

1. Wie spät ist es?

2. Freut sich Heidi, Anton zu sehen?

3. Ist Anton heute still? Warum oder warum nicht?

4. Warum war es eine lange Nacht? Was sagt Anton zu Heidi?

5. Möchte Heidi etwas mit Anton und seinem Bruder zusammen machen?

6. Wer zeigt Anton und Hannes die Stadt (Berlin)?

7. Was muss Anton für seinen Bruder finden?

8. Was ist Heidis Idee?

9. Wer kommt am Ende des Kapitels?

10. Weiß er, dass er Heidi und Anton unterbricht?

Du bist dran!

1. *Bist* du gestern in ein Café *gegangen*?

2. Bist du normalerweise still?

3. Bist du heute müde?

4. Warst du heute zu lange an deinem Handy?

5. Wie lange bist du normalerweise pro Tag an deinem Handy? (Sekunden? Minuten? Stunden?)

6. Möchtest du Berlin sehen?

7. Gehst du gern essen?

8. Isst du gern italienisch? mexikanisch? amerikanisch? Was ist dein Lieblingsrestaurant?

9. Frag drei Schüler: „Was ist dein Lieblingsrestaurant?"

10. Frag einen Partner oder eine Partnerin: „Freust du dich, wenn du essen gehst?"

Kapitel 4 - <u>Probleme</u>

Über die Geschichte!

1. Welche Klasse war heute schwer?

2. Was versteht Heidi nicht?

3. Wer kommt und grüßt Heidi, Felix und Anton?

4. Wann beginnt der Film? An welchem Tag?

5. Wer fragt: „Was? Ihr geht morgen ins Kino"?

6. Wer denkt: „Warum *hat* Lena das *gesagt*"?

7. Wer soll das Popcorn kaufen?

8. Warum geht Heidi zu den Automaten?

9. Wer geht mit Heidi zu den Automaten?

10. Warum ist Anton am Ende des Kapitels frustriert?

Du bist dran!

1. Welche Klasse ist schwer für dich?

2. Hast du heute Hausaufgaben? Wenn ja, in welchen Klassen?

3. Gehst du gern ins Kino?

4. Was für Filme siehst du gern? Horror? Komödien? Action? Thriller? Liebesfilme?

5. Was ist dein Lieblingsfilm?

6. Wenn du ins Kino gehst, kaufst du normalerweise Popcorn?

7. Gehst du normalerweise mit Freunden ins Kino? Mit der Familie?

8. Gibt es Automaten in deiner Schule?

9. Was kannst du normalerweise an Automaten kaufen?

10. Frag einen Partner oder eine Partnerin: „Möchtest du am Wochenende ins Kino gehen?"

Kapitel 5 – <u>Auf der Bank</u>

Über die Geschichte!

1. Was macht Anton auf der Bank?

2. Wer kommt und setzt sich neben Anton auf die Bank?

3. *Hat* Anton heute gut Fußball *gespielt*?

4. Wer kommt und grüßt Anton und Frank?

5. Wer *hat* ein Tor *geschossen*?

6. Wer möchte mit Lena nur befreundet sein?

7. Weiß Felix, dass Anton Heidi *mag*?

8. Wer mag Lena mehr als eine gute Freundin?

9. Was soll Anton niemandem sagen?

10. Warum lächelt Anton am Ende des Kapitels?

Du bist dran!

1. Wer sitzt jetzt neben dir?

2. Spielst du Fußball?

3. Spielst du Videospiele?

4. Was ist dein Lieblingssport?

5. Was machst du in deiner Freizeit?

6. Kann dein Freund oder deine Freundin italienisch sprechen?

7. Wie heißen deine guten Freunde?

8. Wie heißt dein bester Freund oder deine beste Freundin?

9. Frag einen Partner oder eine Partnerin: „Spielst du am Wochenende Fußball?"

10. Frag drei Schüler: „Was machst du am Wochenende?"

Kapitel 6 - <u>Müde</u>

Über die Geschichte!

1. Wie geht Anton nach Hause?

2. *Hat* Anton Heidi heute *gesehen*?

3. Warum ist Anton müde?

4. Was fragt Heidi Anton in ihrer SMS?

5. Wie lange wollte Anton schlafen? (Er macht ein Schläfchen.)

6. Wann <u>wacht</u> Anton <u>auf</u>?

7. *Hat* Anton den Film *verpasst*?

8. Wie viele SMS *hat* Lena Anton *gesendet*?

9. *Hat* Lena Anton auch *angerufen*?

10. Ist Lena froh?

Du bist dran!

1. Wann ist deine Schule zu Ende?

2. Wie kommst du nach Hause? mit dem Bus? Fahrrad? Skateboard? zu Fuß?

3. Hast du heute Biologieunterricht?

4. Bist du jetzt zu Hause? (Wo bist du?)

5. *Hast* du gestern *geschlafen*?

6. Hast du ein Handy? Wenn ja, was für ein Handy hast du?

7. Sendest du oft SMS?

8. Musst du heute Hausaufgaben machen?

9. Machst du gern ein Schläfchen?

10. Frag drei Schüler: „Wie viele SMS sendest du am Tag?"

Kapitel 7 – <u>Immer noch müde</u>

Über die Geschichte!

1. Wo ist Anton?

2. Wohin geht Anton?

3. Warum ist Anton noch müde?

4. Anton sitzt allein. Wer kommt?

5. Wer sagt: „Du <u>siehst</u> wirklich müde <u>aus</u>"?

6. Ist Lena verärgert?

7. Was bedeutet: „Keine Sorge"?

8. Was *hat* Lena *gemacht*, als sie Anton in der Pause *gesehen hat*?

9. Warum lächelt Heidi?

10. Wer kommt am Ende des Kapitels?

Du bist dran!

1. Wann hast du Pause in der Schule?

2. Was machst du in der Pause?

3. Bist du heute müde?

4. Wie geht es dir heute?

5. Wie ist das Wetter heute?

6. Sitzt du gern in der Sonne?

7. *Bist* du gestern ins Kino *gegangen*?

8. *Hast* du gestern Popcorn *gegessen?*

9. Wann gehst du heute nach Hause?

10. <u>Sieh</u> einen Partner oder eine Partnerin <u>an</u> und frag: „Wie geht es dir heute?"

Kapitel 8 - <u>Erwischt</u>

Über die Geschichte!

1. Wer ignoriert Anton?

2. Wann soll Felix Lena für die Party abholen?

3. Wann soll Felix Heidi für die Party abholen?

4. *Ist* Lena allein nach Hause *gegangen*?

5. Was fragt Lena Anton harsch?

6. Wer war unfair zu Anton?

7. Was bedeutet: „erwischt"?

8. Warum stottert Lena?

9. Wer weiß, dass Lena *gelogen hat*?

10. Warum ist Anton am Ende des Kapitels überrascht?

Du bist dran!

1. Hast du ein Auto? Wenn ja, was für ein Auto hast du?

2. Hat dein Freund oder deine Freundin ein Auto? Wenn ja, was für ein Auto?

3. Gehst du am Wochenende zu einer Party?

4. Was machst du am Samstag?

5. *Hast* du heute deine Freunde *gesehen*?

6. *Hast* du heute mit deinen Freunden *gesprochen*?

7. *Bist* du gestern in die Schule *gegangen*?

8. Stotterst du, wenn du nervös bist?

9. Weinst du, wenn du traurig bist?

10. <u>Sieh</u> einen Partner oder eine Partnerin <u>an</u> und frag: „Was denkst du? Ist Anton jetzt böse auf Lena? Warum oder warum nicht?"

Kapitel 9 – <u>Auf dem Weg zur Party</u>

Über die Geschichte!

1. Wo waren Heidi und Anton, bevor Felix sie abholt?

2. Ist es ein neues Restaurant?

3. Wie ist das Restaurant drinnen?

4. Was für ein Restaurant ist es?

5. Wie ist das Essen?

6. Kennt Heidi Frank?

7. Wen will Anton zu dem Restaurant bringen?

8. <u>Holt</u> Felix Lena <u>ab</u>? Warum oder warum nicht?

9. Wer *hat geweint*?

10. Denkt Felix, dass Lena eine gute Person ist?

Du bist dran!

1. Gehst du gern ins Restaurant? Wie oft?

2. Gehst du gern mit deinen Freunden ins Restaurant? Mit deiner Familie?

3. Wann gehst du normalerweise ins Restaurant?

4. Isst du gern italienisch?

5. Isst du gern mexikanisch?

6. Isst du gern chinesisch?

7. Was ist dein Lieblingsessen?

8. Was trinkst du gern?

9. Kannst du gut kochen?

10. Frag drei Schüler: „Was isst du gern?"

Kapitel 10 - <u>Auf der Party</u>

Über die Geschichte!

1. Wen sehen Anton und Heidi?

2. Was sagt Frank, als er Heidi grüßt? (Wie nennt Frank Heidi?)

3. Warum *ist* Heidi zu dem Restaurant *mitgekommen*?

4. Wer kommt morgen?

5. Wer winkt?

6. Wer möchte allein mit Anton sprechen?

7. Was möchte Frank trinken? Wer geht mit ihm?

8. Was macht Lena, bevor sie geht?

9. Was fragt Anton Lena, bevor sie geht?

10. Was denkt Anton am Ende des Kapitels?

Du bist dran!

1. Wen siehst du jetzt?

2. Siehst du deinen Lehrer oder deine Lehrerin?

3. Was sagst du auf Deutsch, wenn du einen Freund oder eine Freundin grüßt?

4. Möchtest du jetzt einen Kaffee trinken?

5. *Hast* du heute eine Cola *getrunken?*

6. Mit wem möchtest du jetzt sprechen?

7. *Hast* du heute mit deinem Lehrer oder mit deiner Lehrerin *gesprochen*?

8. Mit wem möchtest du ins Kino gehen?

9. <u>Sieh</u> einen Schüler oder eine Schülerin <u>an</u> und wink und sag: „Hallo!"

10. Was denkst du? Werden Anton und Lena ins Kino gehen?

Kapitel 11 – ‚wahre' Freunde

Über die Geschichte!

1. Wer sagt: „Da seid ihr"?

2. Wie war es mit Lena?

3. Denkt Anton, dass Lena eine gute Person ist?

4. Was *hat* Heidi nicht *gewusst*?

5. Wer *hat* Heidi das *gesagt*?

6. Wer kann gut singen?

7. Wann spielt die Band?

8. Wer *hat* noch nicht mit der Band *gespielt*?

9. Wer wird die neue Sängerin in der Band sein?

10. Wer kommt am Ende des Kapitels?

Du bist dran!

1. Spielst du in einer Band? Wenn ja, wie heißt die Band?

2. Kannst du ein Musikinstrument spielen? Wenn ja, welches?

3. Kannst du gut singen?

4. Bist du in einem Chor?

5. Bist du in einem Orchester?

6. Hörst du gern Musik?

7. Was für Musik hörst du gern? Rock? Rap? Klassische Musik? Jazz?

8. Wie heißt deine Lieblingsband?

9. Wie heißt dein Lieblingssong?

10. Frag drei Schüler: „Wie heißt deine Lieblingsband?"

Kapitel 12 – <u>nach Hause gehen</u>

Über die Geschichte!

1. Wer *hat* Lena eine SMS *gesendet*?

2. Wer fährt Lena nach Hause?

3. Was fragt Felix Frank?

4. Warum möchte Felix Lena allein nach Hause fahren?

5. Wer fährt Anton und Heidi nach Hause?

6. Wer möchte länger auf der Party bleiben?

7. Was möchte Felix Lena fragen?

8. Wohin möchte Felix mit Lena gehen?

9. Was denkst du? Ist das eine gute Idee?

10. Was denkt Anton am Ende des Kapitels?

Du bist dran!

1. Hast du heute ein Problem?

2. Wann musst du am Samstagabend zu Hause sein?

3. Wer *hat* dir heute eine SMS *gesendet*?

4. Wie *bist* du gestern nach Hause *gekommen*? Mit dem Fahrrad? Auto? Bus? Skateboard? zu Fuß?

5. Wer in deiner Familie hat ein Auto?

6. Welche Farbe hat das Auto?

7. Ist das Auto groß oder klein?

8. Ist das Auto neu oder alt?

9. Ist das Auto schnell oder langsam?

10. Frag einen Partner oder eine Partnerin: „Ist das eine gute Idee? Hat Felix eine gute Idee?"

Kapitel 13 – <u>Im Café mit Hannes</u>

Über die Geschichte!

1. Wer ist noch müde?

2. Ist es eine lange Reise mit dem Zug von Salzburg nach Berlin?

3. *Hat* Hannes im Zug gut *geschlafen*?

4. *Hat* Antons Mutter *gewusst*, dass Hannes kommt?

5. Was trinkt Hannes? Was trinkt Anton?

6. Mit wem redet Antons Mutter oft?

7. Wen und was vermisst Anton?

8. Wer will Hannes treffen?

9. Wer kommt heute noch ins Café?

10. Warum kommen sie heute noch ins Café?

Du bist dran!

1. Trinkst du gern Kaffee? Trinkst du gern Cola?

2. *Bist* du schon mit einem Zug *gefahren*?

3. Warst du schon in Berlin?

4. Warst du schon in Salzburg?

5. Möchtest du nach Berlin reisen?

6. Was möchtest du in Berlin sehen?

7. Möchtest du nach Salzburg reisen?

8. Was möchtest du in Salzburg sehen?

9. Sendest du viele SMS über deine Freunde?

10. Frag drei Schüler: „Möchtest du nach Europa reisen? Wenn ja, welche Länder möchtest du sehen?"

Kapitel 14 – eine Reise

Über die Geschichte!

1. Wo sind Hannes und Anton?

2. Was *haben* Hannes und Anton in Berlin *gesehen*?

3. *Ist* Anton jeden Tag in die Schule *gegangen*?

4. Was sagen Antons Freunde über Hannes?

5. Was *hat* Hannes mit Antons Freunde *gemacht*?

6. Wer kommt mit Anton in den Winterferien nach Salzburg?

7. Warum sendet Felix Anton eine SMS?

8. Geht Lena mit Felix ins Kino?

9. Wohin fährt Felix in den Winterferien?

10. Wer fährt mit Felix in den Winterferien nach Österreich?

Du bist dran!

1. Gibt es einen Bahnhof in deiner Stadt?

2. Was können Touristen in deiner Stadt sehen?

3. Kannst du in deiner Stadt Ski fahren?

4. Kannst du Ski fahren?

5. Hast du einen Koffer?

6. Was packst du in deinen Koffer, wenn du eine Reise machst?

7. Wohin möchtest reisen?

8. Mit wem möchtest du reisen?

9. Was denkst du? Was wird in Salzburg passieren?

10. Frag einen Partner oder eine Partnerin: „Was denkst du? Was wird in Salzburg passieren?"

Wortschatz

- This glossary contains the words that appear in the story.

- The different forms of the same verb are listed together.

- However – when needed – forms of vowel-stem changing verbs, where the stem changes, are also listed separately.

- Separable-prefix verbs are listed as whole words, and in most cases the prefix is a short syllable such as: **an**, **auf**, **aus**, **ein** or **zu**.

In the text, you will notice that both the verb and the separated prefix are underlined.

For example: <u>macht</u> ... <u>zu</u> = **zumachen** = to close

- The construction of the conversational past tense form in German requires both a (form of the) helping verb and a past participle. In the text, you will notice that both the *helping verb* and the *past participle* are italicized.

For example:

Er *hat* das *gesagt*. =

He *said* that. (He *has said* that.)

The glossary begins on the next page.

Abenteuer *adventure(s)*
aber *but*
anhalten, anhält *to stop*
abholen, abholt, abholst *to pick up*
absolut *absolutely*
Alla prossima! *(Italian) See you next time!*
alle/n *all, everyone*
allein *alone*
alles *everything*
als *as, when, than*
alt/e/en/es *old*
älter/e/en *older*
am *at the*
an *on, to*
andere/n *other(s),*
angerufen (hat) *called (on the phone)*
angesehen (hat) *looked at*
anrufen, anruft *to call (on the phone)*
ansehen, ansieht *to look at*
antworten, antwortet *to answer*
arbeitet *to work*
auch *also, too*
auf *on, to, at*
aufmachen, aufmacht *to open*
aufwachen, aufwacht *to wake up*
Augen *eyes*
aus *out, from*
ausgehen, ausgeht *to go out*
aussehen, aussieht *to look (appear)*
authentisch *authentic*
Auto *car, automobile*
Automat(en) *vending machine(s)*
Autotür *car door*

Bahnhof *train station*
Band *band*
Bank *bench*
beginnt *to begin*
begonnen (hat) *began*

bei *by, at, with*
beide/n *both*
Bella
  Ciao, Bella! *(Italian) Hello, Beautiful!*
besser *better*
beste *best*
besuchen, besuche *to visit*
Bett *bed*
bevor *before*
bin *am*
Biologie *biology*
Biologieunterricht *biology class*
bis *until*
bisschen, ein bisschen *a little (bit)*
bist *are*
bitte *please, you're welcome*
bleiben, bleibst *to stay*
Boden *floor, ground*
braucht *to need*
bringen *to bring*
Bruder *brother*
Buch *book*

capisco *(Italian) I understand.*
Chemie *chemistry*
Chor *choir*
ciao *(Italian) Hi! / Bye!*

da *there*
danke *thank you*
dann *then, than*
daran *about it*
das *the*
dass *that*
davon *of it*
dein/e/em/en/er *your*
dem *the*
den *the*
denke, denkst, denkt *to think*
denn *because*
der *the*
des *of the*
Deutschland *Germany*

Dezember *December*
dich *you*
die *the*
Dienstag *Tuesday*
diese/em/en/es *these, this*
dir *you*
direkt *direct(ly)*
diskutieren *to discuss*
Donnerstag *Thursday*
draußen *outside*
dran
  Du bist dran! – *It's your turn!*
drei *three*
dreimal *three times*
drinnen *inside*
du *you*
dumm *dumb*
dunkel *dark*

ein/e/em/en/er *a, an*
eingeladen (hat) *invited*
eins *one*
einschlafen *to fall asleep*
einsteigen *to climb in*
Ende *end*
Englisch *English*
endlich *finally*
enttäuschen, enttäuscht *to disappoint*
enttäuscht *disappointed*
er *he*
erst *first, just*
erwidert *to reply*
erwischt *caught (doing something)*
erzählt (hat) *told*
erschrocken *shocked*
es *it*
  es gibt *there is, there are*
essen *to eat*
Essen *food*
etwas *something*
euch *you (plural)*

fahren, fahre, fahrt, fährt *to drive, to ride, to go*
  Ski fahren *to ski*

fantastico *(Italian) fantastic*
fantastisch *fantastic*
Fenster *window*
Fernsehturm *TV tower*
Film *movie, film*
finde, finden, findet *to find*
folgt *follows*
  Fortsetzung folgt. *To be continued.*
frag, fragen, fragt *to ask*
Frage(n) *question(s)*
fragend *questioning, inquiring*
Freitag *Friday*
freuen (sich) *to be happy, to look forward to something*
Freund(e)(en) *friend(s)*
Freundin(nen) *friend(s) (female)*
freundlich *friendly*
froh *happy*
frustriert *frustrated*
früh *early*
Fuß *foot*
  zu Fuß *by foot*
Fußball *soccer*
Fußballplatz *soccer field*
fünf *five*
für *for*

ganz *really, completely*
geantwortet (hat) *answered*
gedacht (hat) *thought*
gefahren (ist) *drove, rode*
gefragt (hat) *asked*
gegangen (ist) *went, gone*
gegeben (hat) *gave*
geh, gehe, gehen, gehst, geht *to go*
gehört (hat) *heard, listened*
gekauft (hat) *bought*
gekommen (ist) *came*
gelegen (hat) *lied, lain*
gelegt (hat) *laid*
gelesen (hat) *read*
gelogen (hat) *lied, tell a lie*
gemacht (hat) *did, have done, made*

gemein *mean*
gerade *now, at the moment*
gerannt (ist) *ran*
geredet (hat) *talked*
gern *like*
gesagt (hat) *said*
geschlafen (hat) *slept*
geschossen (hat) *shot*
geschrieben (hat) *wrote*
gesehen (hat) *saw, had seen*
gesendet (hat) *sent*
gespielt (hat) *played*
gesprochen (hat) *spoke, talked*
gestern *yesterday*
gewartet (hat) *waited*
geweint (hat) *cried*
gewusst (hat) *knew*
gibt *to give*
grazie *(Italian) Thank you!*
groß *big*
grüß, grüßen, grüßt *to greet*
gut/e/er/es *good*

habe, haben, habt *to have*
Hallo *hello*
Handy *cell phone*
harsch *harsh*
hast, hat *to have*
hatte, hattest *had*
Hausaufgaben *homework*
Hause *house, home*
  nach Hause *to go home (on the way home)*
  zu Hause *at home*
Heft *notebook*
heißen *to be called / named*
helfen *to help*
heute *today*
hier *here*
Hilfe *help (noun)*
hilft *to help*
hoffe, hofft *to hope*
hören, hört *to hear*

ich *I*
Idee(n) *idea(s)*

ignoriert *to ignore*
ihm, ihn *him*
ihnen *them*
ihr *you (all)*
ihr/e/em/en *her*
im *in the*
immer *always*
ins *in the*
interessiert *interested*
isst *to eat*
ist *is*
Italien *Italy*
Italiener *Italian (person)*
italienisch/e/es *Italian (adj)*

ja *yes, yeah*
jeden *each, every*
jetzt *now*
Jungs *boys*

Kaffee *coffee*
Kalender *calendar*
kann, kannst *can, to be able to*
Kapitel *chapter*
kaufen *to buy*
kein/e/en *no, not one, none*
Kellner *waiter(s)*
kenne, kennst, kennt *to know*
Kino *cinema, movie theater*
Klasse *class*
Klassenzimmer *classroom*
klassisches *classical, classic*
Koffer *suitcase*
komm, komme, kommen, kommst, kommt *to come*
Komplikationen *complications, intricacies*
konfus *confused, clouded*
können, könnt *can, to be able to*
Konversationen *conversations*
konzentrieren (sich) *to concentrate*
Kopf *head*
Korridor *corridor, hall(way)*

kurios *curious*
küsst *to kiss*

lachen, lacht *to laugh*
lächelnd *smiling(ly)*
lächelst, lächelt *to smile*
lang/e/er *long*
länger *longer*
langsam *slow, slowly*
laut *loud*
legt *to lay*
leid, tut...leid *to be sorry*
leise *quietly, softly*
lesen *to read*
letzte *last*
Lieblings- *favorite*
liegen, liegt *to lie (recline)*
lies, liest *to read*

machen, mache, machst, macht *to do, to make*
  Mach's gut! *Take care! Goodbye!*
Mädchen *girl(s)*
mag, magst *to like*
mal *times*
man *one (a person),*
manchmal *sometimes*
mehr *more*
mein/e/en/er/es *my, mine*
melancholisch *melancholiac(ly)*
mich *me*
Minute(n) *minute(s)*
mir *me*
mit *with*
mitgekommen (ist) *came with*
mitkommen, mitkommst *to come with*
mitspielen *to play with*
Mittwoch *Wednesday*
möchten, möchten, möchtest *would like (to)*
Moment *moment*
  im Moment *currently, at this time*
Montag *Monday*

morgen *tomorrow*
Museuminsel *museum island*
muss, musst *must, to have to*
müssen *must, to have to*
musste *had to*
Mutter *mother*
müde *tired*

nach *after, to*
  nach Hause *to go home (on the way home)*
nächste/n *next*
Nacht *night*
natürlich *naturally, of course*
neben *next to*
nein *no*
nennen, nennt *to call, to name*
nervös *nervous*
nett *nice*
neu/e/en *new*
nicht *not*
nichts *nothing*
nickt *to nod*
nie *never*
niemand/em *no one, nobody*
nimmt *to take*
noch *still, another*
Norden *north*
  Rom des Nordens *Rome of the North*
normale *normal*
normalerweise *normally*
nur *only*

ob *whether, if*
oder *or*
oft *often*
Onkel *uncle*
Österreich *Austria*

paar *a couple, few*
passieren *to happen*
Pause *break, pause*
Pläne *plans*

Platz *room, space*
plötzlich *suddenly*
populär *popular*
Probleme *problems*
prossima
  Alla prossima! *(Italian)*
  See you next time!
pünktlich *punctual, on time*

Recht *right*
  Du hast Recht.
  You are right / correct.
reden, redet *to talk*
Reichstag *parliament
building in Berlin*
Reise *(a) trip*
rennt *to run*
richtig/e/es *correct, right,
proper*
Rom *Rome (Italy)*
rot *red*
ruft *to call (out loud)*

sag, sage, sagen, sagst,
  sagt *to say*
Samstag *Saturday*
Sänger(in) *singer*
Saxophonspieler *saxophone
player*
scheint *to shine*
schlafen, schlafe, schläft *to
sleep*
Schläfchen *nap*
  ein Schläfchen machen
  to take a nap
schläfrig *sleepy*
schlecht *bad*
schnell *fast, quick(ly)*
schockiert *shocked*
Schokolade *chocolate*
Schokoladeneis *chocolate
ice cream*
schon *already*
schön/e *pretty*
schreiben, schreibt *to write*
Schreibtisch *desk, writing
table*
Schuhe *shoes*

Schule *school*
schwer *hard, difficult*
Schwester(n) *sister(s)*
schämen, schämt (sich) *to
be ashamed*
sehe, sehen *to see*
sehr *very*
seid *are*
sein *to be*
sein/e/en/em/er *his*
Seite *page*
senden, sendest, sendet *to
send*
Servus! *Hi! / Bye!*
setzt *to set, sit*
sicher *sure, certain*
sie *she, they*
siehst sieht *to see*
sind *are*
singen, singe, singt *to sing*
sitzen, sitzt *to sit*
SMS *text message(s)*
soll, sollen, sollte *should,
supposed to*
Sonne *sun*
Sonntag *Sunday*
Sorge *worry, concern*
  Keine Sorge! *No worries!*
Spaß *fun*
spät *late*
später *later*
Spiel *game*
spiele, spielen, spielst,
  spielt *to play*
spreche, sprechen *to speak,
talk*
sprichst, spricht *to speak,
talk*
Stadt *city*
starrt *to stare*
stehen, steht *to stand*
still *still, quiet*
stimmt *to be correct, right*
  Stimmt das? *Is that
correct?*
stottert *to stutter, stammer*
störe, störst *to disturb,
bother*

sucht *to look for, to search*

Tag *day*
Tante *aunt*
Tasche *bag*
telefoniere *to phone, call on the phone*
Text *text, words*
Tipp *tip, hint*
toll/e/es *great, awesome*
Tor *goal*
traurig *sad*
treffen *to meet*
triffst *to meet*
trinken, trinkt *to drink*
Tschüss *bye*
Tür *door*
tut *to do*
  tut...leid *to be sorry*

über *about*
überraschen *to surprise*
überrascht *surprised*
Überraschung *surprise*
Uhr *clock, o'clock*
um *around, at (a time)*
umdrehen, umdreht *to turn around*
umarmt *to hug*
und *and*
Universität *university*
uns *us*
unterbricht *to interrupt, disturb*

verärgert *angry, upset*
vergessen, vergesse *to forget*
vergiss, vergisst *to forget*
verlegen *embarrassed*
vermissen, vermisse, vermisst *to miss*
verpasst (hat) *to miss something, (miss out on something)*
verstanden (hat) *understood*

verstehen, verstehst *to understand*
vibriert *to vibrate*
viel *much, a lot*
viele *many*
vielleicht *perhaps, maybe*
von *of, from*
vor *before*

wach *awake*
wahre/n *true, real, genuine*
Wange *cheek*
wann *when, at what time*
waren, war, warst *was, were*
warte, warten, wartest *to wait*
warum *why*
was *what*
wechselt *to change*
Weg *way,*
weil *because*
weiter *further, continuing*
weiß, weißt *to know*
weiß/es *white*
welche/em/en/er/es *which*
wem *who(m)*
wenn *when, if*
wer *who*
werde, werden *will (future tense)*
wie *how*
wieder *again*
Wiederschauen! *Goodbye!*
will *to want*
winkt *to wave*
Winterferien *winter break, winter vacation*
wir *we*
wird *to become, will (future tense)*
wirklich *really, actually*
wirst *will (future tense)*
wissen *to know*
wo *where*
Woche(n) *week(s)*
Wochenende *weekend*
woher *from where*

wohnt *to live*
Wohnzimmer *living room*
wollte, wolltest *wanted*

zehn *ten*
zeigen *to show*
Zimmer *(a) room*
zu *to, too*
Zug *train*
zum/zur *to the*
zumachen *to close*
zurück *back*
zusammen *together*
zwei *two*

MEINE NOTIZEN

Meine Notizen